LA LLAVE MAESTRA

LA LLAVE MAESTRA

LA CLAVE MAESTRA PARA COMPETAR LA LIBERTAD FINANCIERA

Stacey M. Oliver

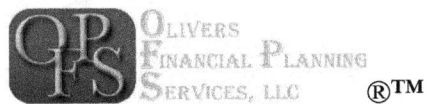

Olivers Financial Planning Services, LLC ®™

Carolina del Sur

Impreso y publicado en los Estados Unidos de
América
La Clave Maestra: La Clave Maestra Para
Completar Libertad Financiera / STACEY M.
OLIVER

ISBN-13: 978-1543015508

Diseños Interiores de STACEY M. OLIVER

EXPRESIONES DE GRATITUD

Me gustaría dar gracias a Dios por todas las cosas y por la sabiduría y las ideas creativas. Estoy eternamente agradecido por el amor, apoyo y paciencia de mi esposo, Larry Oliver. A nuestros hijos, Urías y Benaía, gracias por tu motivación y ánimo. Gracias a todos mis familiares y amigos que tengo en mi corazón.

CONTENIDO

INTRODUCCIÓN

Todos hemos estado allí ... Has gastado más dinero del que tuviste. Has contado el dinero antes de recibirlo. Comenzó a ganar más dinero sólo para crear más deuda. Gastaste el dinero del bono en lugar de invertirlo. Usted continúa viviendo de cheque de pago a cheque de pago. Usted ha estropeado su cerebro y se tensionó hacia fuera, intentando subir para arriba con el presupuesto muy mejor, que usted encontró que tiene que pellizcar cada mes. Has comenzado este viaje llamado efecto bola de nieve, pero cuando miraste tus finanzas, todavía terminaste robando a Pedro para pagar a Pablo.

¿Por qué? Usted notó que no incluyó fondos en el presupuesto para una emergencia, para unas vacaciones de ensueño, para una donación de caridad y, sobre todo, fondos para pagar usted mismo.

¿Se siente como su libertad financiera está encerrado, lejos de su alcance?

La libertad financiera completa puede ser un desafío cuando no tienes la clave del éxito para asegurar tus finanzas. Pero tengo grandes noticias para usted hoy ... Es hora de tirar todas las otras llaves que usted ha estado utilizando para abrir las puertas a su éxito financiero.

Prepárate para ser empoderado con la llave maestra para completar la libertad financiera.

1, 2, 3 ¡Aquí Vamos!

I

BARRERAS

¿Sabes lo que es mantener las puertas cerradas a usted acceder a la libertad financiera total? ¿Qué es lo que se interpone en tu camino, impidiéndole obtener el éxito financiero? La respuesta a ambas preguntas es simple, Barrera (s).

Las barreras prohíben el acceso a una completa libertad financiera.

Una barrera es un obstáculo que impide el movimiento, impide el acceso, e incluso evitará el progreso. En otras palabras, una barrera frustrará, obstaculizará, limitará y restringirá su enfoque financiero para obtener acceso al éxito financiero completo.

La tendencia de las barreras financieras (obstáculos) puede filtrar y reciclar a través de usted y / o su familia.

Las barreras frustrarán, obstaculizarán, limitarán y restringirán su riqueza financiera.

- ¿Cuál es su barrera? ¿O debo preguntar, cuál es su barrera principal (la causa raíz de por qué usted está en el estado en que está)?

- ¿Qué está obstaculizando su progreso para obtener la libertad financiera completa? ¿Es su no-resistencia a gastar más?

- ¿A qué puerta está cerrada tu libertad financiera total? ¿Es la puerta de la deshonestidad? Puede ser la puerta de la dilación. ¿O es la puerta de la indiferencia?

- ¿Su mentalidad es una barrera contra su poder económico absoluto?

Usted podría ser el obstáculo que bloquea su entrada al mundo de la libertad financiera. Escríbete a ti mismo (página 18) para ver si realmente eres el obstáculo.

Califíquese
(1 = algo, 2 = raramente, 3 = casi siempre,
4 = siempre)

Determinado   1 2 3 4
(-firm decision, inflexible, inquebrantable)

Auto motivado   1 2 3 4
(-sin supervisión, iniciativa para emprender)

Autodisciplina   1 2 3 4
(Vencer las debilidades de uno, la capacidad
de hacerse cosas que deben hacerse)

Auto control   1 2 3 4
(-la capacidad de manejar sus acciones,
sentimientos y emociones)

Persistente   1 2 3 4
(-continuar firmemente en un curso de acción
a pesar de la dificultad / oposición, continuar
durante durante un período prolongado,
preservar, duradera y duradera)

Determinación, auto-motivación, autodisciplina, autocontrol y persistencia son cualidades necesarias para estar financieramente establecidos y vivir una vida de abundancia.

Una puerta cerrada debe ser desbloqueada para tener acceso a lo que hay dentro. Antes de poder acceder a la puerta debe poseer la llave para abrir la puerta. Antes de que usted pueda poseer la llave a abrir la puerta, usted debe identificar la barrera que está en el camino de usted que consigue a la puerta para abrirla.

Identifique y liste sus barreras. _____

_____

_____

_____

_____

_____

_____

_____

_____

_____

_____

_____

Commentarios _____

_____

_____

_____

_____

_____

_____

_____

_____

_____

II

TIPOS DE BARRERAS

Barreras que te limitan a tu pasado:

1. Si no he crecido teniendo poco, entonces no estaría sobre mi cabeza en deuda;

2. No tenía a nadie para mostrar o enseñarme cómo ser un buen administrador de dinero;

3. No tenía el conocimiento o la forma de hacer que mi dinero funcione para mí en lugar de trabajar duro para mi dinero;

4. No tuve la misma oportunidad que otros tuvieron;

¿Estás confinado a tu pasado por una de estas barreras? ¿Si es así, Cuál?

_____

_____

_____

_____

_____

_____

_____

_____

_____

_____

_____

_____

_____

_____

_____

_____

_____

_____

_____

_____

Barreras que limitan su movimiento al progreso:

1. Nunca hice el dinero suficiente para ahorrar o invertir;

2. Nunca pensé en mi solvencia;

3. No sé cómo hacer realidad mis sueños;

4. No creo que pueda ser financieramente libre;

¿Es una barrera que limita su progreso? Si es así, ¿qué barrera?

_____

_____

_____

_____

_____

_____

_____

_____

_____

Barreras que barrican nuestro pensamiento positivo:

1. He oído hablar de seguridad financiera, pero no he hecho nada para obtenerlo;

2. Nunca pensé en el costo de los gastos funerarios o funerarios;

3. No soy bueno planeando con anticipación;

4. Empezaré a ahorrar más tarde, no ahora;

¿Qué barrera está barricando tu pensamiento positivo?

_____

_____

_____

_____

_____

_____

_____

_____

III

LAS BARRERAS SE CONVIERTEN EN CARGAS

Las barreras financieras se convierten en cargas financieras. Sólo piénsalo y hazte estas tres preguntas.

1. ¿Estoy preparado económicamente, sin duda, para atender cualquier tipo de emergencia?

_____

2. ¿Tengo un plan de salida como Retiro, Empleado a Propietario de Negocio, Cuidado Preneed, o un Legado?

_____

3. ¿Soy capaz de hacer más de $ 1,000 de contribución en efectivo de caridad o de inversión en el lugar sin vacilación?

_____

¿Respondió "No" a alguna de las preguntas anteriores? Si es así, acaba de descubrir una barrera financiera que pronto se convertirá en una carga financiera para usted y / o su familia si no actúa y empezar a hacer la preparación ahora.

_____

No permita que sus barreras se conviertan en cargas.

_____

Plan de Acción

_____

_____

_____

_____

_____

_____

_____

_____

_____

_____

_____

_____

_____

_____

_____

_____

_____

_____

_____

_____

IV

BARRERAS COMPARABLES A CARGAS

Las barreras financieras son muy similares a los virus. Los virus financieros de este mundo están matando a las familias ... ¡Sí! Los virus financieros como,

- gastos incontrolables

- no presupuestación

- sin estabilidad financier

- sobreendeudamiento

- falta de integridad

Si los individuos no son entrenados, enseñados y / o guiados por ejemplos, los virus financieros continúan moviéndose de una familia a otra debido a la falta de conocimiento de la alfabetización financiera. De mi experiencia, los virus del estómago correrán rápidamente a través de su hogar entero hasta que todos haya contraído el virus a menos que alguien tome la iniciativa de matar proactivamente el germen del virus. El germen de barrera financiera debe ser destruido. Si la barrera financiera no se rompe y se destruye en nuestras vidas, no habrá un legado financiero para nuestra próxima generación.

El agente germinal de las barreras financieras es altamente contagioso; Por lo tanto, debe ser borrada.

¿Va a tomar el cargo para demoler la barrera financiera en su linaje de la familia? ¡Sea afirmativo! Usted hace el cambio. Empiezas a hablar el lenguaje de la libertad financiera. Dígase: "Ya no permitiré que la deuda innecesaria dicte mi situación financiera".

Plan de Acción

_____

_____

_____

_____

_____

_____

_____

_____

_____

_____

_____

_____

_____

_____

_____

_____

_____

_____

_____

V

ELIMINANDO BARRERAS

Todas las barreras tienen un propósito principal. Le permiten no o nunca lograr la libertad financiera. El pensamiento negativo nos impide acceder a las puertas de toda nuestra libertad financiera. Cualquier cosa que pensemos acerca de nuestras finanzas, nosotros también.

Pues como él piensa en su corazón, así es él:
Proverbios 23: 7 (KJV)

Por lo que pienso, hablaré. Si creo que estoy roto, diré que estoy roto. Si pienso que nunca tendré nada, entonces me encontraré hablando. Para asegurar nuestra libertad financiera con la llave del éxito, debemos *primero* librarnos de los negativos.

Las palabras negativas son primero un pensamiento antes de que se hablen.

Deje de permitir que las puertas permanezcan bloqueadas a su libertad financiera. Comience a cambiar su situación financiera hoy! Una evaluación financiera (página 34) es una excelente manera de determinar su situación financiera actual.

Complete la evaluación financiera para determinar su estado financiero.
(Establezca una línea de tiempo (página 37) para los elementos que necesita hacer o cambiar).

1. ¿Conoces tu patrimonio neto?

_____

(Valor neto es lo que se posee menos lo que se debe.)

2. ¿Tienes un huevo?

_____

(El huevo de la jerarquía es otra palabra para los ahorros de la jubilación.)

3. ¿Tienes un testamento legal?

_____

4. ¿Ha revisado su informe de crédito últimamente? ¿Si es así cuando?

_____

(Si no ha recibido o revisado su informe de crédito en el último año, solicite una copia de su informe hoy.)

5. ¿Está viviendo de cheque de pago a cheque de pago?

_____

Ahora que ha evaluado su situación financiera, está listo para dar el paso a poseer la clave para completar la libertad financiera.

Commentarios _____

_____

_____

_____

_____

_____

_____

_____

_____

_____

_____

Notas Sobre la Línea de Tiempo

_____

_____

_____

_____

_____

_____

_____

_____

_____

_____

_____

_____

_____

_____

_____

_____

_____

_____

_____

_____

VI

RID USTED MISMO DE LOS NEGATIVOS

Es hora de destruir las barreras financieras en lugar de las barreras que nos destruyen al mantenernos como rehenes en cautiverio. Te reto a detenerte con el pensamiento negativo que produce palabras negativas y empieza con un pensamiento positivo y creativo que produce palabras positivas y poderosas.

El pensamiento positivo y creativo produce palabras positivas y poderosas.

Pare y Comience el Ejercicio

- Dejar de pensar y decir que no puedo - Empezar a decir que puedo.
- Dejar de improvisar - Comenzar a planifiar.
- Dejar de ser improductivo - Comience a ser productivo.
- Dejar de soñar - Empezar a vivir el sueño.
- Dejar de dudar - Comience a creer.
- Dejar de gastar - Comience a ahorrar.
- Dejar de decir que no tengo - Empezar a decir que sí.
- Dejar de descuidar el cambio - Comience a ser el cambio.
- Dojar de decir que no funcionará - Comienza diciendo que funcionará.
- Dejar de decir que estoy estropeado - Empezar a decir que soy rico.

Declare lo que PARARÁ y COMENZARÁ.

Elija y escriba una frase desde el ejercicio
de inicio y parada (página 39).

_____

_____

_____

_____

_____

_____

_____

_____

_____

_____

_____

_____

_____

_____

_____

_____

_____

_____

_____

Todos los días, comience a leer en voz alta el dicho que ha elegido. A medida que empiece a practicarlo, notará que su habla cambia a medida que su proceso de pensamiento está siendo entrenado para pensar de manera diferente con respecto a sus finanzas y estado financiero. Por ejemplo; **Deja de decir que estoy roto, y empieza a decir que soy rico.** Al leerlo y decirlo en voz alta cada día, se convertirá en segunda naturaleza para que usted pueda pensar y hablar riqueza.

Usted ha comenzado a bloquear (eliminar o eliminar) las barreras que le impedían acercarse y abrir las puertas de su libertad financiera.

Commentarios _____

_____

_____

_____

_____

_____

_____

_____

_____

_____

_____

VII

CLAVE MASTER PERSONALIZADA

Cada una de nuestras barreras es diferente de la otra. Incluso si son iguales, son diferentes de alguna manera porque estamos hechos única y maravillosamente. Es por eso que necesitamos ser empoderados con NUESTRA propia "Llave Maestra" personalizada.

Habilitado con un diseño personalizado "Llave Maestra"

¿Por qué necesito la "Llave Maestra" y no sólo una llave? Una "Llave Maestra" le permite abrir varios candados que también tienen su propia clave. Para asegurar que todas mis puertas financieras estén desbloqueadas, solo necesito la "Llave

Maestra" para abrir las puertas a mi pensamiento positivo, a ser financieramente rico, a convertirse en un administrador de dinero bien equilibrado, a mi seguridad financiera ya mi total libertad financiera.

El acceso se ha concedido a usted hoy a poseer la "llave maestra" a la erradicación de la negatividad que usted tiene en su mente y afirmarla con un sí.

Erradicar la negatividad en su mente y afirmar con un sí!

Ahora que el acceso se ha concedido, usted puede comenzar a destruir el pensamiento negativo y afirmarlo con pensamiento positivo. Para cambiar su antigua manera de pensar, debe pensar lo contrario de la forma en que estaba acostumbrado a pensar. Los pensamientos pasados de "No puedo", "No funcionará" y "No es suficiente", pueden ser destruidos con los pensamientos de "Yo puedo", "Funcionará" y "Es más que suficiente".

Desarrollar una nueva forma de pensar es simple. Míralo de esta manera: piensa lo contrario de la forma en que piensas. Si usted estaba acostumbrado a pensar ofensivamente cuando se trataba de dinero, entonces empezar a pensar a la defensiva. Una cosa es segura, todo lo que se quiere no es necesario para mantener un sólido bienestar financiero.

Los deseos no son una prioridad cuando se trata de mantener un buen bienestar financiero.

Hay un cliché, "Dices una mentira, debes decirle a otra para cubrir la primera mentira". Bueno, lo mismo con nuestro proceso de pensamiento. Usted comienza a pensar positivamente, usted continuará pensando positivamente más a menudo. Pero debes entrenarte. No sucede automáticamente.

Si usted es serio acerca de la transición de su situación financiera actual a uno de mayor prestigio, recitar la Declaración Financiera en la página 47 - 48 diariamente para asegurar su responsabilidad de cambiar la tendencia de las barreras financieras (obstáculos) de filtrado y reciclaje a través de usted y / o su familia.

DECLARACIÓN FINANCIERA

He sido facultado para poseer la "*Llave Maestra*" para hacerse cargo de mi riqueza financiera, así que puedo comenzar a experimentar la libertad financiera; Debo hacer mi parte. Por este medio me comprometo a cambiar la actitud y el estilo de vida que me mantienen en la servidumbre financiera, y me dedico a ser un administrador de dinero efectivo y disciplinado sobre lo que ya tengo y todas las cosas por venir.

Declaro que tengo una mentalidad positiva, y estoy decidido, auto-motivado, y persistente a la obtención de la clave para mantener la libertad financiera completa. Voy a romper las barreras financieras a partir de ahora!

Entonces yo, _____,
daré...
   Sin Miedo
   Con placer
   Liberally...
Porque yo, _____,

estoy seguro, y ahora tengo la "*Llave Maestra*" a mi LIBERTAD.

Fecha_____

Te presento tu "Llave Maestra"! Continúe teniendo la *LLAVE* para abrir las puertas de su *LIBERTAD* Financiera.

1, 2, 3 ¡Vamos!

Recuerda detener el pensamiento negativo. Empezar a eliminar las barreras, ahora que el acceso se ha concedido. Ahora posee su propia "Llave Maestra" personalizada.

OCUPACIONES

Tal vez usted es un lector de la Biblia; Aquí están algunas escrituras de la abundancia abajo que pertenecen a la libertad financiera. Hay muchas más escrituras en la Biblia acerca de la riqueza. Comience con éstos, uno a la vez, y agregue a ellos mientras que usted continúa transformando su mindset y discurso hacia sus finanzas.

Scripts De Riqueza

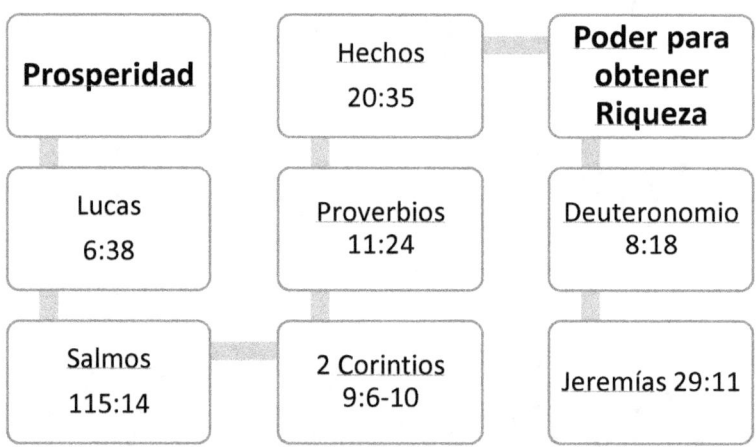

Prosperidad	Hechos 20:35	Poder para obtener Riqueza
Lucas 6:38	Proverbios 11:24	Deuteronomio 8:18
Salmos 115:14	2 Corintios 9:6-10	Jeremías 29:11

Desafío: A medida que agrega a los guiones de riqueza, agruparlos adecuadamente como se muestra arriba.

Commentarios _____

_____

_____

_____

_____

_____

_____

_____

_____

_____

Pruebe su conocimiento haciendo coincidir el versículo con cada escritura a continuación.

Scripts de Coincidencia

Lucas 6:38	• Pero te acordarás del SEÑOR tu Dios, porque es Él el que te da poder para obtener riqueza.....
Salmos 115:14	• El SEÑOR te aumentará más y más, tú y tus hijos.
Hechos 20:35	• Dad, y se os dará; Buena medida, apretada y sacudida, y corriendo, los hombres darán en tu seno.....
3 John 1:2	• Porque yo sé el pensamiento que pienso hacia vosotros, dice Jehová, pensamientos de paz, y no de mal, para daros un fin esperado.
Deuteronomio 8:18	• Amados, yo deseo que todas las cosas prosperen y estén saludables, así como tu alma prospera.
Jeremiah 29:11	• ..... Es más bendecido dar que recibir.

Enumere otras escrituras de riqueza:

_____

_____

_____

_____

_____

_____

_____

_____

_____

_____

_____

_____

_____

_____

_____

_____

_____

_____

_____

_____

_____

_____

PREGUNTAS

¿Cómo fue el tema beneficioso para usted?

_____

_____

_____

_____

_____

_____

_____

_____

_____

_____

_____

_____

_____

_____

_____

_____

_____

_____

_____

¿Seguirá utilizando esta información para mantener y mantener su éxito financiero? ¿Si es así, cómo?

_____

_____

_____

_____

_____

_____

_____

_____

_____

_____

_____

_____

_____

_____

_____

_____

_____

_____

_____

_____

¿Enumera los nombres de las personas que usted sabe que se beneficiarán de este libro?

_____

_____

_____

_____

_____

_____

_____

_____

_____

_____

_____

_____

_____

_____

_____

_____

_____

_____

GRATITUD

Gracias por tu apoyo. Oro para que usted reciba y tome la acción apropiada a su camino de novedad para experimentar la vida en abundancia a medida que cambia su mentalidad y su discurso hacia sus finanzas. Usted será totalmente financieramente libre caminando en abundancia total de la riqueza. Decretamos una mentalidad rica y un discurso rico ... ¡Es el nuevo USTED!

NOTAS

NOTAS

TESTIMONIOS

"Me reuní con Olivers Planificación Financiera en 2015, con ganas de administrar mejor mis finanzas y crear un plan de ahorro. El servicio de la Sra. Oliver era absolutamente impecable! Siguiendo su consejo experto, podría reorganizar mis ingresos para casi triplicar mi potencial de ahorro. Ella es muy perspicaz y con ganas de la industria financiera. Sobre todo, ella cuida sobre sus clientes y pone su corazón en hacerlos acertados. ¡Recomiendo esta compañía a cualquier persona que quiera tener libertad financiera! " – *Jaquetta Ross*

"Hace unos años, recibí ayuda de Stacey porque necesitaba una perspectiva práctica sobre dónde estaba financieramente. Mis finanzas habían cambiado dramáticamente y yo estaba acostumbrado a un cierto estilo de vida. Stacey me ayudó a ver todo en el papel y eliminar lo que podía deshacerse de y cómo cambiar el dinero para mantener la vida. Sus conocimientos, antecedentes y experiencia fueron lo que necesitaba para ayudarme hacer que las cosas tengan sentido y el trabajo! Si necesita asesoramiento y ayuda práctica para que el dinero funcione; ella es la que necesitas ver. Gracias Stacey! " — *Juanita Jones*

SOBRE EL AUTOR

Stacey Oliver cree firmemente que tiene éxito financiero está en gran medida determinado por la capacidad de las personas para tomar posesión de su sustento financiero. Desafortunadamente para muchos, la alfabetización financiera es escasa, si no completamente no disponible.

Su misión es "crear, iluminar y capacitar a los encargados efectivos y comprometidos de las finanzas; Centrándose intensamente en el aumento del conocimiento de las personas sobre la libertad financiera dentro de la comunidad de diversos grupos demográficos, eliminando al mismo tiempo el ciclo vicioso y el mantenimiento de la deuda ".

Con más de diecisiete años de experiencia como conferenciante de finanzas públicas, banquero certificado, y sirviendo en varias juntas y comités para el bienestar financiero en el estado de Carolina del Sur, Stacey Oliver se ha establecido como una **experto en** el campo. Ella ayuda a individuos y familias a abrir puertas de barreras financieras sin DUDA.

Stacey utiliza su "don de gab" para entrenar y potenciar a las audiencias con la "clave maestra" del conocimiento para obtener y mantener el éxito financiero.

Stacey Oliver es también el fundador de Financial Kick Start JBJO, Inc., organización sin fines de lucro. Considerado por muchos como el "Cerrajero Financiero", ella reserva un espacio especial en el JBJO de Kick Start Financiero para sembrar en las vidas de los individuos.

Cuando la encuentras no ministrando a través de su negocio, organización y rutina diaria, Stacey está disfrutando de la vida con su esposo, Larry, y su hijo, Uriah, en Carolina del Sur.

Para presentaciones de libros o más
información sobre cómo puede aprovechar sus
servicios, comuníquese con:

STACEY M. OLIVER,
CEO y Fundador

®™

PO Box 51363
Piedmont, SC 29673

StaceyOliver@ofpslocksmith.com

Facebook/@OliversFPS